Im Schatten der Schwester

Emmi Maiers Biographie

**Erforscht von ihrer Tochter
Beatrice Maier Anner**

TITELBILD

Emmi Maier-Meierhofer um 1968

Herstellung und Verlag:
BoD – Books on Demand, Norderstedt
ISBN: 9783758319907

VORWORT UND DANKSAGUNG

Emmi Maier-Meierhofer, meine Mutter, hinterliess bei ihrem Hinschied. am 22. März 1992 in Confignon bei Genf. ein grosses dunkelgrünes Heft mit 75 Seiten handgeschriebenen Notizen. Zusammen mit meiner Schwester Elisabeth, haben wir dieses Heft ausgewertet und entziffert. Dazu kamen kürzere Texte, welche Emmi in den Computer geschrieben hatte. Als dieses Puzzle einmal zusammengestellt war, realisierten wir, dass ihr Leben Fetzen von Zeitgeschichte aus dem 20. Jahrhundert widerspiegelte: technischer Fortschritt wie die Entwicklung des Fliegens, den Bau eines Elektrizitätswerkes oder einer neuen Bahnlinie, dann soziale Entwicklungen wie die Möglichkeit für Frauen zu studieren oder sich sonst massgebend am gesellschaftlichen Leben zu beteiligen, und vieles anderes mehr, so beschlossen wir, ihre Autobiographie als PDF-Dokument zusammenzustellen.[1]

Aber Emmi hinterliess nicht nur das dunkelgrüne Heft mit ihren handgeschriebenen Notizen, sondern auch eine grosse drei-sprachige Bibliothek mit Kunstbücher aus der ganzen Welt, mit klassischer und zeitgenössischer Literatur, und, vor allem, mit seltenen Schriften über asiatische Philosophie. Darüber hinaus war sie tief verbunden mit der Poesie. Ihre letzten Worte waren ein klar ausgesprochenes Gedicht von Rainer Maria Rilke, und für ihre Todesanzeige hatte sie ein Haiku Gedicht ausgewählt. Unter ihren Papieren fand ich kürzlich auch einen alten Briefumschlag mit vergilbten Zeitungsauschnitte über WH Auden[2], einer der berühmtesten Dichter der Welt, den ich überhaupt nicht gekannt hatte.

---

[1] Maier-Meierhofer, Emmi. *Strube Zeiten. Bunte Zeiten.* Autobiographie herausgegeben von Elisabeth und Beatrice Maier, 2021. PDF-Dokument (MMAA).
[2] Auden, WH. *Selected Poems.* Edited by Edward Mendelson. Faber and Faber. London. 2009

Emmis Leben war aber bis jetzt überschattet worden durch ihre ältere Schwester, Maiti genannt, die international bekannte Kinderpsychiaterin Dr med, Dr phil hc, Marie Meierhofer, geb. 1909 in Zürich, gest. 1998 in Ägeri, mit einem nach ihr benannten Marie-Meierhofer-Institut in Zürich[3]. Die lebenslange Frustration von Emmi, dass sie, im Gegensatz zu ihrer älteren Schwester, aus finanziellen Gründen nicht studieren durfte, erklärt sich folgendermassen: als das Vermögen des aargauischen Industriepioniers Albert Meierhofer (ihr Vater) Opfer des Börsenkrachs von 1929 wurde und nach seinem Ertrinkungs-Tod im Juli 1931 seine Lebensversicherung nicht ausbezahlt worden war[4], mussten Prioritäten gemacht werden: nur die älteste Schwester Marie durfte weiter studieren, da sie bereits einen Teil des Medizinstudiums erfolgreich hinter sich gebracht hatte. Emmi durfte die

---

[3] Marie-Meierhofer-Institut, mmi.ch

[4] Maier-Meierhofer, Emmi. *Strube Zeiten. Bunte Zeiten.* Autobiographie herausgegeben von Elisabeth und Beatrice Maier 2021. PDF-Dokument (MMAA).

Matura nicht in der Privatschule Juventus absolvieren, wie sie geplant hatte.

Eine besonders wichtige Leistung von Emmi Maier-Meierhofer war die jahrzehntelange Bewahrung und Strukturierung von Familienarchiven, im besonderen eines deutsch-jüdischen Maier-Friedlaender Familienarchivs, welches sie durch ihre Heirat übernommen hatte. Dank Emmis archivarischen Arbeit war es möglich, viele dieser zahlreichen alten Schriften und Bilder zu digitalisieren und sie in selbstpublizierten Publikationen einzubetten[5] [6] [7], die hauptsächlich als erklärende illustrierte Begleiter des Maier-Meierhofer-Anner Familienarchivs, und nicht als hochwissenschaftliche historische Arbeiten gedacht sind. Emmi sei posthum für ihre

---

[5] Anner, Beatrice Maier. Gustav Maier. Sponsor des jungen Albert Einstein. Grin-Verlag. 2023.
[6] Anner, Beatrice Maier. Hans Wolfgang Maier. Eduard Einsteins Arzt. Grin-Verlag. 2023.
[7] Anner, Beatrice Maier. Die Meierhofers. Biografie einer ungewöhnlichen Familie. Grin-Verlag, 2023

grosse Arbeit am Familienarchivs von Herzen verdankt, auch konkret dadurch, dass ihr Leben in diesem Buch erstmals kurz beschrieben und gewürdigt wird.

WIDMUNG

Die Biographie von Emmi Maier-Meierhofer ist ihren Enkeln Catherine Elisabeth Anner und Daniel Marc Anner gewidmet, welche manche schöne Stunden mit ihrer spannenden Grossmutter verbracht haben.

INHALTSVERZEICHNIS

ABKÜRZUNG: MMAA: Maier-Meierhofer-Anner-Archiv

1 DIE FAMILIE MEIERHOFER

Abbildung 1. Die Familie Meierhofer-Lang um 1923. Von links nach rechts: Emmi (geb. 1911), Mutter Marie (geb. 1884), Marie genannt Maiti (geb. 1909), Albertine genannt Tineli (geb. 1914), Vater Albert (geb. 1863), Hans, aus erster Ehe (geb. 1900).

Die abgebildete Familie scheint, auf den ersten Blick, harmonisch: Emmi hält vertrauensvoll die Hand ihrer Mutter Marie, welche einen starken Eindruck macht. Maiti blickt zu ihrem älteren Halbbruder in Uniform, Tineli steht locker vorne und guckt selbstbewusst in die Kamera; im Hintergrund steht das Oberhaupt der Familie: Vater Albert, der sportliche Industriepionier und leidenschaftliche Hobbygärtner.

In einem weiteren Bild, bei der gleichen Gelegenheit geknipst (Abbildung 2), stehen Tineli und Hans Hand in Hand: sie sieht in mit einem strahlenden Ausdruck an, sichtlich stolz auf ihren grossen Bruder in der feldgrauen Uniform und den schicken Stiefel. Hans trägt einen Degen. Beim genauen Hinschauen entdeckt man mögliche Verunreinigungen auf seiner Uniform, wie wenn er gerad durch ein Gebüsch gekrochen wäre: er könnte im aktivem Training sein. Vielleicht fand der Besuch ja auch bei der Kaserne statt wo Hans Dienst tat, da man im Hintergrund eine Mauer mit einer Art antikem abgerundeten Holztor sieht, das nichts mit der Meierhofer Villa in Turgi zu tun hat.

Abbildung 2. Tineli, glücklich mit ihrem Halbbruder Hans

Abbildung 3. Eines der hunderten von Ex Libris welche Marie Meierhofer-Lang hergestellt hat, für ihre Familie, Freunde oder auch auf Bestellung.

Marie war eine leidenschaftliche Künstlerin. Sie durfte sich auf einer privaten Kunstakademie in München eine Zeit lang ausbilden lassen[8], was für ein junges Mädchen um die 1800/1900 Jahrhundert Wende revolutionär war, d.h., ihre Eltern, die deutsche Mutter Anna Marie Blum aus Tiengen bei Waldshut und der Vater Damian Lang, waren offenbar überdurchschnittlich modern und aufgeschlossen.

Daher kam wahrscheinlich der ausgeprägte Sinn von Marie für Freiheit und Unabhängigkeit, der so weit ging, dass sie im Jahr 1921 beschloss, trotz Mann und drei kleinen Töchtern ihre künstlerische Ausbildung in Paris fortzusetzen. Man kann sich kaum vorstellen, was für ein Skandal ein solcher Entschluss in einem kleinem ländlichen Dorf wie Turgi ausgelöst haben musste. Zudem war Marie flugfanatisch und liess sich zwischen Birsfelden und Paris mit

---

[8] Hüttenmoser, Marco und Kleiner, Sabine. *Marie Meierhofer. Ein Leben im Dienst der Kinder.* Verlag Hier und Jetzt, Zürich, 2009.

einem kleinen privaten Frachtflugzeug hin und herfliegen. Das wurde ihr auch zum Verhängnis, weil ihr Flugzeug am 25. Juni 1925 gleich nach dem Start auf dem Flugplatz Birsfelden abstürzte und sie dabei umkam. Ihre Tochter Maiti wartete vergeblich auf das Kommen ihrer lieben Mutter in Paris, wo sie die Schule absolvierte.

Marie wurde also zu einer Art Weltbürgerin: sie lebte sowohl in dem kleinen Dörfchen Turgi an der Limmat, wie auch in der Grossstadt Paris, das Mekka von Künstlern aus der ganzen Welt; ihre Kinder teilte sie zwischen den beiden Wohnorten auf. Dafür brauchte Marie natürlich eine gute Ersatzmutter für ihre "Turgi-familie", wenn sie in Paris weilte, und die hatte sie auch gefunden, in der Form von Germaine Borgeaud, einer jungen Frau aus Saint-Maurice, Wallis. Meine Mutter Emmi erzählte immer mit Begeisterung von Germaine, die später mit dem Musiklehrer und Organist Ernst Märki in Grenchen verheiratet war.

Abbildung 4 Marie Meierhofer-Lang (rechts) mir Germaine Borgeaud; sie war Kindermädchen und Ersatzmutter.

In Abbildung 4 sieht man ein unausgesprochenes Einverständnis beiden Frauen. Klar erkennt man rechts die Dame des Hauses, die Chefin: sie trägt eine elegante, wahrscheinlich goldene Damenuhr und einen dekorative Goldschmuck um den Hals, währenddem sich Germaine mit einem Fingerring begnügt. Germaine ist die Horchende, gewohnt Befehle entgegen zu nehmen, oder wenigstens ans Herz gelegte Anweisungen. In Marie erkennt man eine starke, bestimmende Persönlichkeit. Zur Zeit der Aufnahme könnte Germaine auch ein Geheimnis mit Marie teilen, ihr etwas Persönliches mitteilen, und Marie könnte die vertrauensvolle Zuhörerin sein.

2. GEBOREN IN ZÜRICH

In ihrer Autobiographie[9] beschreibt Emmi ihre Geburt wie folgt:

"Ich, Emma Adele Margareth Meierhofer kam am 6. März 1911 in der Pflegerinnenschule in Zürich auf die Welt als zweite Tochter meines Vaters Albert Meierhofer (geb. 10. Sept. 1863) von Weiach (Kt. Zürich) und meiner Mutter Marie Verena Meierhofer, geb. Lang (geb. 4. Mai 1884, von Baden (Kt. Aargau). In der damaligen Zeit wurden die meisten Kinder zu Hause entbunden. Meine Mutter war verwandt mit der Leiterin der Pflegerinnenschule Zürich, Fräulein Dr. med. Baltiswiler, deshalb ging sie in die Zürcher Klinik. Meine ältere Schwester Marie, 'Maiti' genannt, wurde auch dort geboren. (am 21. Juni 1909). Meine Mutter blieb jeweilen 2-3 Wochen im Spital, eine erstaunlich lange

---

[9] Maier-Meierhofer, Emmi. *Strube Zeiten. Bunte Zeiten.* Autobiographie herausgegeben von Elisabeth und Beatrice Maier 2021. PDF-Dokument (MMAA).

Zeit, wenn man an die heute denkt, wo die Mütter schon nach wenigen Tagen entlassen werden. Ich soll bei der Geburt schon viele Haare gehabt haben, sogar am Rücken, was mir unglaubhaft erscheint. Man nannte mich 's'Tüfeli'."[10]

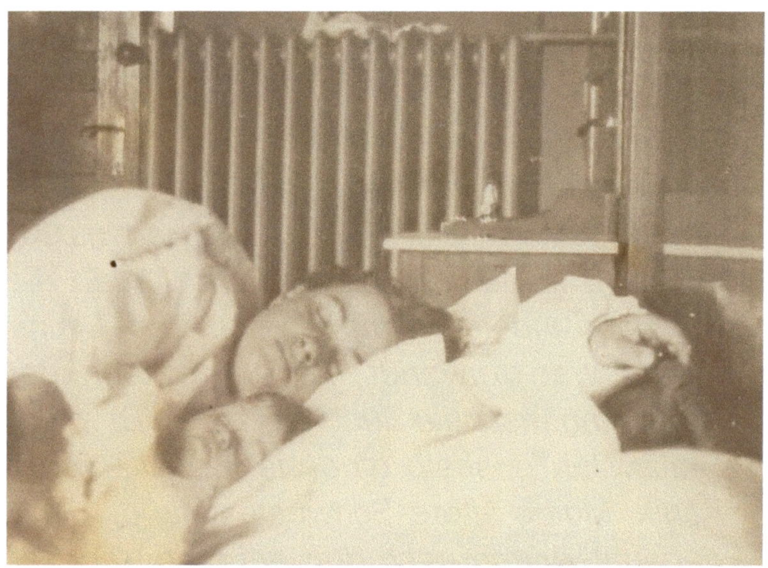

Abbildung 5. Marie Meierhofer-Lang mit der neu geborenen Emmi.

---

[10] "Tüfeli": schweizerdeutscher Ausdruck für "kleiner Teufel".

Abbildung 6. Am 16. Juli 1911 wird Emmi getauft. Die Karte stammt vom Paten (Taufzeugen) Robert Meierhofer aus Weiach, dem Heimatdorf ihres Vaters.

Die Taufe von Emmi ist ein besonderes Ereignis: in der Tat war Adele Furrer, genannt Delly, die Patin. Die tragische Liebesgeschichte zwischen Robert und Delly beschreibt meine Mutter wie folgt[11]:

"Delly war bei der Heirat meiner Mutter[12] bereits 19 Jahre alt und Eduard einige Jahre älter. Hansli wurde auf die Hochzeitsreise meiner Eltern mitgenommen. In späteren Jahren verschlechterten sich die Beziehungen zwischen meiner Mutter und den Pflegekindern so sehr, dass sie sich nicht mehr sahen zum Leidwesen meines Vaters, der sehr an diesen Kindern hing. Kritisch wurde die Situation, als meine Mutter ihr drittes Kind, meine Schwester Tineli, erwartete und ein welsches Kinderfräulein Germaine Borgeaud aus St Maurice im Wallis, engagierte, die ungefähr in Dellys

---

[11] Maier-Meierhofer, Emmi. *Strube Zeiten. Bunte Zeiten.* Autobiographie herausgegeben von Elisabeth und Beatrice Maier 2021. PDF-Dokument (MMAA).
[12] 27. Juli 1908

Alter war. So musste Delly der neuen Konkurrentin weichen.

Delly war meine Patin und ich habe als Kind sehr bedauert, dass ich nie ein Patengeschenk von ihr bekam. Wenn sie einmal auf Besuch kam, was sehr selten geschah, brachte sie kleine Geschenke, Schokoladen etc. für uns drei Mädchen mit, aber nie etwas Persönliches für mich. Es war wahrscheinlich nicht möglich für sie wegen meiner Mutter, eine persönliche Beziehung zu ihrem Patenkind aufzubauen. Sie hat in späteren Jahren, als meine Eltern nicht mehr lebten, Vieles nachgeholt. Sie war unseren Kindern eine liebe, gütige und grosszügige Tante und wurde 'Gotte' (Patin) unserer Tochter Vreni.

Sie erzählte mir ihr Schicksal. Sie war in Robert Meierhofer, meinen Paten, verliebt und die Beiden wollten heiraten. Sie war oft bei den Verwandten in Weiach auf Besuch, wo Robert lebte. Grossvater Schaggi aber erlaubte die Heirat nicht. Er behauptete, Delly sei zu schwach, um auf dem Land zu *arbeiten. Delly war ein zierliches, energisches Persönchen. So musste Robert schweren Herzens auf Delly verzichten. Delly wurde Diakonissin. Als sie in Lausanne eingesegnet wurde, und aus der Kathedrale heraus auf die Strasse trat, begegnete sie ausgerechnet Robert, der gerade in Lausanne seinen Militärdienst absolvierte.*

Delly lebte in der welschen Schweiz. Sie war eine ausgezeichnete, begabte Kinderschwester und leitete bis zu ihrem Hinschied eine Pouponniere[13] (Kinderheim) in Genf und bildete Kinderschwestern aus. Sie hat unsere Kinder sehr verwöhnt und schenkte ihnen reizende Kleider. Als Elisabethli geboren wurde, hatte ich von ihr Bebe-sachen in allen Farben bekommen, so viele, dass ich je eine weisse, eine blaue und eine rosa Etage im Kasten hatte. Zu jenem Zeitpunkt gab es die farbigen, lustigen Bebe-sachen noch nicht.

---

[13] Pouponnière la Petite Maisonnée, Petit-Saconnex, Genf.

Als Delly alt und krank war, wurde sie in ihrem Mutterhaus, im Krankenheim Bethanien in Zürich betreut und gepflegt. Sie war drei Jahre lang bettlägerig und ich besuchte sie fast jeden Abend nach meiner Arbeit an der ETH."

Abbildung 7. Cover der Taufkarte von Emmis Paten (Abbildung 6)

Emmi hate eine übernatürliche Beziehung zu 4-blättrigen Kleeblättern, welche eine Art fast magnetische Kraft auf sie auszuüben schienen: bei einem Spaziergang stoppte sie plötzlich vor einem Feld, starrte in das grüne Wirrwarr, sagte "Da!", und marschierte schnurstracks ein paar Meter mit strammen Schritt durch das Feld, bückte sich und erhob sich dann, triumphierend ein 4-blättriges Kleeblatt in der Hand haltend. So sammelte sie für mich jahrelang Dutzende 4-blättrige Kleeblätter, die ich unter einer Glasscheibe in einer ausziehbaren flachen Schublade mit schwarzer Unterlage meines Schreibtisches in unsere Haus in Confignon sorgfältig aufbewahrt hatte. Es war ein total übersinnlicher Prozess, den ich mir bis heute nicht erklären kann: wie konnte sie auf grosse Distanz ein 4-blättriges Kleeblatt erkennen?

Schon als Kleinkind hatte sie auffällig klare Augen, wie in Abbildung 8 a gezeigt. Ihr Blick ist sehr aufgeweckt, und sie scheint etwas in der Ferne zu fixieren; sie ist jedoch völlig ruhig, ja vergnügt Viele Jahrzehnte später, hatte Emmi immer noch diesen konzentrierten, Blick, wie man im Bild 8 b sehen kann. Gleich wie beim Kinderbild ist ihr Blick stark und auch irgendwie durch Wohlwollen durchtränkt, ohne jegliche Falschheit,

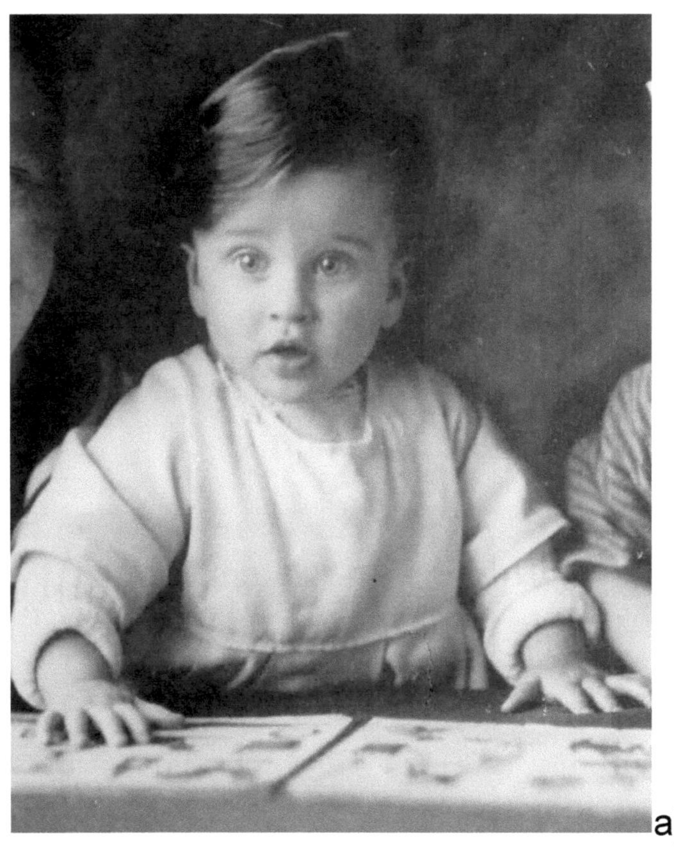

Abbildung 8. Emmis mit festem Blick als Kleinkind (a) und Erwachsene (b).

Klar war auch ihr Charakter: sie hasste Lügen und Verstecken, man müsse offen und ehrlich sein: "Nichts ist so fein

gesponnen, es kommt doch an die Sonnen",
sagte sie immer wieder.

Sie hatte eine grosse Abneigung gegen
Konflikte, Streit, Rechthaberei. Ihr Leitspruch
in diesem Fall war ein kurzer Reim: "Der
Gschiider gitt noh, der Esel bliebt schtoh",
d.h. der Gescheitere gibt nach, der Esel
bleibt stehen. Dieser Spruch hat mich tief
markiert: wenn ich bei einem Streit
nachgebe, auch wenn ich recht habe, so bin
ich nicht unbedingt ein Verlierer, sondern
womöglich einfach der Gescheitere. Wenn
sich das nur mehr Menschen, und vor allem
auch Kriegsparteien, zum Leitspruch
machen könnten!

Eine weiter Lehre war, dass es sich nicht
gehört mit fremden Menschen, zum Beispiel
bei Einladungen mit Gästen, über Geld zu
sprechen. Und nicht zuletzt, hiess eine ihrer
Vorschriften, dass man nie über Menschen
sprechen darf, die nicht anwesend sind, im
besonderen nicht in kritischer Weise, da sie
sich als Abwesende nicht verteidigen
können.

3. SCHULE UND ZUHAUSE

Laut Emmis Autobiographie waren alle drei Meierhofer Töchter ausgezeichnete Schülerinnen, d.h., sie machten überall die Bestnoten 1; da es aber laut Schulreglement nicht erlaubt war nur Einser zu haben, gab man ihnen ein 1-2 im Religionsunterricht. Emmi beschreibt das wie folgt in ihrer Autobiographie[14]:

"Die Schule erlaubte nicht, dass in einem Zeugnis nur Einer-noten seien. Die Eins war die beste Note. Maiti und ich und auch Tineli hatten beim Lehrer Hitz die genau gleichen Zeugnisse: Alles Einer ausser zuoberst auf der Kolonne ein 1-2 in der Religion. Für Lehrer Hitz vermutlich das unwichtigste Fach!"

---

[14] Maier-Meierhofer, Emmi. *Strube Zeiten. Bunte Zeiten.* Autobiographie herausgegeben von Elisabeth und Beatrice Maier 2021. PDF-Dokument (MMAA).

Diese guten Noten wurden in harter Arbeit errungen, wie das Bild in Abbildung 9 zeigt, vielleicht nach dem Unfalltod der Mutter aufgenommen, da alle drei schwarz gekleidet sind.

Abbildung 9. Marie, Albertine und Emmi (von links nach rechts) machen eifrig Hausaufgaben im Garten des Hauses Öpfelbäumli in Turgi.

Bezirksschule _Turgi_

Austritts-Zeugnis

D_ie_ Schüler_in_ _Emma Meierhofer_ von _Weiach_

geb. _6. März 1911_ hat vom _1. Mai 1923_ bis _8. April 1927_ an der hiesigen Bezirksschule die Klassen _I – IV_ besucht.

Bei dem Austritt aus der Schule werden ~~ihm~~/ihr in den einzelnen Lehrfächern folgende Noten erteilt:

Lehrfächer	Fleiß	Leistung
1. Religionslehre	1	1
2. Deutsche Sprache	1	1-2
3. Französische Sprache	1-2	2
4. Italienische Sprache		
5. Englische Sprache		
6. Lateinische Sprache		
7. Griechische Sprache		
8. Geographie	1	1-2
9. Geschichte	1	1-2
10. Rechnen	1	1-2
11. Algebra	1	1-2
12. Buchführung		
13. Geometrie	1	1-2
14. Naturgeschichte		
15. Physik	1-2	2
16. Chemie	2	2
17. Freihandzeichnen	1	1
18. Geometr. Zeichnen		
19. Schreiben		1-2
20. Gesang		2
21. Instrumentalunterricht		
22. Turnen		1

Betragen _gut_

Turgi, den _8. April_ 192_7_.

Namens der Lehrerschaft

Der Rektor:

Stufenfolge der Noten: 1 = sehr gut, 2 = gut, 3 = genügend, 4 = ungenügend, 5 = sehr schwach.

Abbildung 10. Emmis Abgangszeugnis von der Bezirksschule Turgi

Mit ihren Bestnoten, Begabungen, Fleiss und gutem Aussehen und Benehmen hätten die drei "Meierhoferlis", wie sie Lehrer Hitz offenbar genannt hatte, eigentlich eine makellose Zukunft vor sich gehabt, sowohl beruflich wie auch privat.

Doch dann kam eine fatale und unselige "Bewegung" in die Familie. Den tragischen Ertrinkungstod im Gartenbassin des heissgeliebten kleinen Brüderleins Robert, genannt Bubeli, mit nur 2 Jahren konnte man 1917 gerade noch verkraften. Aber dann schlug das Schicksal wieder zu: Mutter Marie stürzte am 26. Juni 1925 mit dem Kleinflugzeug nach dem Start auf dem Flugplatz Birsfelden ab. Die in Paris eingeschulte Tochter Maiti wartete vergeblich auf ihre geliebte Mutter. Natürlich wirkte sich der brüske und grausame Unfalltod der starken, begabten Mutter katastrophal auf die drei Töchter aus, zumal Marie einen 20 Jahre älteren Mann geheiratet hatte, d.h., Vater Albert hatte fast das Alter eines Grossvaters und hatte bestimmt bereits mit Altersbeschwerden zu kämpfen.

So kann man erklären, dass die attestierten Begabungen von Emmi und Tineli sich nicht wirklich entfalten konnten: sie brauchten ihre ganzen Kräfte um sich in dieser neuen Welt ohne Mutter zurechtzufinden, vor allem da sie, aus unerfindlichen Gründen, isoliert in ihrem Haus mit Garten aufgewachsen waren, ohne Kontakt zur Dorfbevölkerung.

Diese Isolation, mit der alleinigen Ausrichtung auf die Mutter und die Geschwister, zeigt sich in allen Familienbilder, wovon zwei typische in Abbildung 11 a) und b) gezeigt werden: In Abbildung 11 a) sieht man die drei Schwestern händehaltend in einem leeren Raum, auf sich selbst gestellt, aber anscheinend glücklich und selbstsicher, auf keinen Fall verängstigt; der gleiche Eindruck ergibt sich vom Bild der drei Schwestern, händehaltend auf einem Steg im seichten Wasser mitten im Schilf, an einem Flussufer, wahrscheinlich gleich hinter dem Haus an der Limmat, da die schuhlosen Mädchen nicht aussehen, als seien sie für einen längeren Transportweg ausgerüstet.

Abbildung 11 a) Maiti, Emmi und Tineli, Hände haltend in einem leeren Raum

Abbildung 11 b. Die drei Schwestern händehaltend im Schilf.

Abbildung 11 c. Maiti, Emmi und Tineli mit Mutter Marie.

Figure 12. Seltener Besuch von Kameraden an der Fasnacht-

Nur einmal im Jahr, an der Fasnacht, durfte man Kameraden aus dem Dorf einladen (Abbildung 12). Das musste ein grosses Erlebnis sein, da die drei Schwestern sich sonst vorwiegend allein im Haus und Garten aufhielten, ausser Besuchen oder Ferienaufenthalten von Familienmitgliedern. So geht neben der grossen Familiendynamik, ausgedrückt in der industriellen Pionierarbeit und den vielen Geschäfts- und Bergreisen des Vaters, und der intensiven künstlerischen und auch sozialen Arbeit (Organisation vom aargauischen Kinderzeichenwettbewerb)[15] der Mutter in Turgi und Paris, auch eine intrigierende Starrheit mit einher: man mischt sich nicht unter die Dorfbevölkerung von Turgi, wenigstens nicht im täglichen Leben, ausser eben, für einen offiziellen Zeichenwettbewerb oder an der Fasnacht.

---

[15] Anner, Beatrice Maier. Die Meierhofers. Biografie einer ungewöhnlichen Familie. Grin-Verlag, 2023.

Von daher kann man die Schlussfolgerung ziehen, dass die Familie wahrscheinlich eher unbeliebt war in der Umgebung, da sie sich offenbar für etwas "Besseres" hielt. Interessanterweise hatten beide Eltern nicht studiert, sondern hatten sich mit viel Energie, Fleiss und Willen von ganz unten bis ganz oben hochgearbeitet: Albert vom Bauernsohn und Lehrling zum Direktor der europaweit bekannten Bronzewarenfabrik AG, genannt BAG, und Marie von einer Wirte-Tochter, die im Betrieb helfen musste, nicht nur zu einer mit Goldschmuck dekorierten "Frau Direktor", sondern auch zu einer in Paris ausgebildeten Künstlerin und zur lokaler Sozialreformerin.

Zu einem weiteren Verfremdungsfaktor mit der lokalen Bevölkerung hatte zweifellos Alberts Fitnesswahn beigetragen: nicht nur joggte er jeden morgen auf das Gebensdorfer Horn, sondern er gehörte einem regelrechten Gesundheitskult an, welcher der Sonne und demnach auch dem Nacktwandern huldigte. Man betete mit erhobenen Händen zur Sonne, wie Fotos belegen.[16] Auch im Garten wurde "nackt-gebadet", wobei Albert sich mit grossen Blachen gegen die Strassenseite abschirmte. Der professionelle und soziale Aufstieg ging somit einher mit einer paradoxen Marginalisation: sie wurden gewissermassen Randfiguren der Gesellschaft. Heute wäre das anders: Albert wäre eine Leuchtfigur im gängigen Gesundheitswahn, und Marie wäre eine bewunderte und beklatschte Künstlerin. Damals, jedoch, wurden sie in diesem christlichen Kleindorf wahrscheinlich verteufelt, vor allem durch den öffentlich bekennenden Sonnenkult.

Diese Analyse ist insofern wichtig, als sie die überdurchschnittliche Kumulation von Todesfällen in der Familie teilweise erklären könnte, durch eine gewisse Loslösung von sozialen Normen und durch die Annahme eines gesellschaftlich schlecht akzeptierten

---

[16] Hüttenmoser, Marco und Kleiner, Sabine. *Marie Meierhofer. Ein Leben im Dienst der Kinder.* Verlag Hier und Jetzt, Zürich, 2009.

Lebensstils. Nicht dass sie ermordet worden wären, aber dass sie sich "auf die Äste hinausliessen", und aus lauter Abenteuerlust oder aus Lust am Lebensluxus zu viele Risiken eingingen, wie ein offenes Wasserbecken im Garten einbauen, ohne Zaun, welches so zur tödlichen Falle für den kleinen Robert wurde, dann sich gleichzeitig noch in der Grossstadt Paris niederlassen, wenn man zuhause in Turgi drei kleine Mädchen behüten sollte, was zum Unfalltod der Mutter geführt hatte, und, nicht zuletzt, fanatisch bei jeder Jahreszeit Flüsse hinab und herauf paddeln, was den Unfalltod des bereits 68-jährigen, ohnehin ziemlich überarbeiteten Fabrikdirektor Albert erklären könnte. Dass danach auch noch die jüngste und zarteste Schwester, Tineli, nach den vielen Trennungsschocks psychisch erkrankte und in der Klinik Waldau mit nur 20 Jahren starb, ist kein Wunder. Das ist keine Kritik an dem dynamischen Lebensstil der Familie Meierhofer in Turgi, nur eine sachliche Beschreibung der Risiken, die damit einhergingen.

4. DER BRUCH

Abbildung 13. Emmi auf dem Balkon der Wohnung im obersten Stock an der Hadlaubstrasse 41, Zürichberg, 1930

Laut den Notizen von Dora Schütz, die Haushälterin welche Mutter Marie ersetzen musste, verliess man am 26. März 1930 das Familienhaus Öpfelbäumli in Turgi, das Vater Albert seinem neuvermählten (mit Idy Caflisch) Sohn Hans übergab; Tineli musste somit mit gebrochenen Herzen Abschied von ihrem geliebten Hund Mira nehmen; Emmi erwähnt[17], dass Vater Albert eine sehr teure Wohnung am Zürichberg gemietet hätte.

Nun fing also eine neue, glamouröse Phase des mutterlosen Familienlebens an: Maiti hatte erfolgreich ihr Medizinstudium begonnen, Tineli war im privaten Gymnasium Juventus angemeldet, und Emmi plante auch, dort die Matura zu machen.

Es scheint, dass sie nach der erfolgreich abgeschlossenen Bezirksschule Turgi die

---

[17] Maier-Meierhofer, Emmi. *Strube Zeiten. Bunte Zeiten.* Autobiographie herausgegeben von Elisabeth und Beatrice Maier 2021. PDF-Dokument (MMAA).

Höhere Töchterschule Zürich besuchte, das war ja ein öffentliches Gymnasium für Mädchen. Erst jetzt realisiere ich, dass meine Mutter einen Mantel des Schweigens über diese Episode gelegt hat. Sie hat nie davon gesprochen. Was ist passiert? Fuhr zuerst einmal die ältere Schwester Maiti mit der Bahn von Turgi via Baden nach Zürich, dann mit dem Tram an den Rämiplatz, um auf der Hohen Promenade das Gymnasium zu besuchen, und sollte Emmi nachfolgen? Natürlich war sie jetzt Halbwaise, das machte alles schwieriger. Zudem hatten die öffentlichen Schulen damals keine Kantinen. Das war ein Riesenproblem für Schülerinnen, die nicht in der Nähe der Schule wohnten und so nicht zuhause essen konnten. Wurde Emmi durch den langen Schulweg und die schwierigen Mittagspausen von der Höheren Töchterschule entmutigt?

Jedenfalls hielt sie sich anstatt dessen in Paris auf, machte dort ein Diplom an einer Schule, und ging danach als Au-pair zur Professoren Familie Davis in Oxford. Da sie dadurch Erfahrung im Haushalt gesammelt hatte, schlug sie ihrem Vater vor, sie könnte doch den Haushalt für ihn, Maiti und Tineli machen, und er könnte die Haushälterin Dora Schütz entlassen. So wurde es auch gemacht, und als Emmi, die allein zuhause an Einsamkeit litt, dann doch beschloss, wie Tineli ins Juventus Gymnasium zu gehen, um die Matur zu bestehen, war es zu spät: Vater Albert war mit dem Paddelboot verunfallt, und es stellte sich nach seinem Tod heraus, dass er sein Vermögen im Börsenkrach 1929 verloren hatte. Seine Lebensversicherung wurde auch nicht ausbezahlt, da der Unfallshergang nicht genau untersucht worden war; nicht einmal seine Mitpaddlerin sei befragt worden[18].

Das war der grosse Bruch: vom glamourösen Leben auf dem Zürichberg und dem Traum vom Studium an der naheliegenden Uni Zürich blieben nur Scherben. Maiti war

---

[18] Maier-Meierhofer, Emmi. *Strube Zeiten. Bunte Zeiten.* Autobiographie herausgegeben von Elisabeth und Beatrice Maier 2021. PDF-Dokument (MMAA).

wenigstens mit ihrem Medizinstudium versorgt, aber Emmi und Tineli kannten keinen Menschen in der Grossstadt Zürich und waren vollkommen verloren. Nach diesen Schocks, begann Tineli psychische Leiden zu zeigen[19][20].

Nun kam die grosse Lebensweisheit von Emmi wieder ins Spiel: sie führte ihr bescheidenes Schattendasein als Haushälterin fort und erzählt, wie man die Nase rümpfte, wenn sie mit Maiti eingeladen war und man sie fragte, was sie denn so mache. Den Haushalt? Wie kann man nur!

---

[19] Maier-Meierhofer, Emmi. *Strube Zeiten. Bunte Zeiten.* Autobiographie herausgegeben von Elisabeth und Beatrice Maier 2021. PDF-Dokument (MMAA).
[20] Anner, Beatrice Maier. Drei Generationen Ärzte und zwei Weltkriege. Grin-Verlag 2023.

Abbildung 14. Emmi am Schüttstein.

Und so habe ich sie in Erinnerung: am Schüttstein, Gemüse rüstend wie die Bohnen in Abbildung 14 oder Geschirr abwaschend, wobei wir Kinder jeweils abtrocknen mussten. Sie hatte auch eine hochgekotzte Kochschule in Zürich besucht, für die oberen Zehntausend, jetzt war sie ja "Frau Doktor", und sich zu einer grossartiger Köchin entwickelt. Bewundernd sah ich sie Berliner Pfannkuchen in schwimmendem Öl backen, am Sonntagmorgen einen gekonnten Butterzopf oder einen Gugelhopf mit Mandelscheiben dekoriert hinlegen, den Kartoffelstock elegant auftürmen und eine ganze Petersilie in den Turm stecken, eine unvergleichlichen Vanillecrème kochen, und in den Kriegszeiten, Zwieback Scheiben mit gezuckerter Kondensmilch und geriebenen Haselnüssen im Ofen zu leckeren Keksen verwandeln. Es gab auch "Einback", aus dem sie allerlei zauberte, ohne von den kulinarischen Orgien mit den Weihnachtskecken zu sprechen; bei diesem Prozess "stahl" ich oft kleine Bissen vom rohen Teig, den ich manchmal besser fand als die gebackenen Kekse.

Sie schneiderte uns elegante Kleider, strickte hübsche Mützen und Pullover, kreierte wunderschöne gestickte Tischtücher und Servietten, kümmerte sich um unsere Erziehung mit Englisch- Flöten- und Klavierstunden zusätzlich zum regulären Schulunterricht, ging mit uns Wandern, Schwimmen und Skifahren, schickte uns zu den Pfadfinderinnen, und, nicht zuletzt, startete eine Zucht von Langhaardackeln.

Abbildung 15 a) und b). Emmi als Züchterin von Langhaardackel

Jeder Wurf musste Namen haben, die mit demselben Buchstaben anfingen. Da jeweils der schönste Langhaardackel in der Umgebung als Vater diente, wurde der Nachwuchs dem hohen Zuchtstandard immer konformer, so dass interessierte Hundekunden von weit herkamen, um die neuen Sprösslinge zu kaufen. Das wurde jedesmal ein trauriger Abschied, weil wir die Welpen solange adoptieren durften, wie man auf Bild 16 sehen kann.

Abbildung 16. Die drei Maier Schwestern (links) mit Cousinen

Abbildung 17. Die Dackel kamen immer mit

Abbildung 18. Vater Gerhard Maier

Abbildung 19. Die Autorin in Zürich mit Bella

Abbildung 20. Nach dem schulbedingten Umzug von Littenheid in eine kleine Mietwohnung in Zürich-Oerlikon in 1956, blieben nur noch Bella, ein Balkon, und traurige Erinnerungen an das schöne Landleben. Emmi mit Bella auf dem Balkon, Berninastrasse 88.

Mit ihrer Aufopferung für die Familie, in wahrer Selbstverleugnung ihrer vielen Begabungen und Interessen, hat Emmi ihren drei Töchtern ein grosses Geschenk für das ganze Leben gemacht: Sie gab uns Kraft und Selbstvertrauen, auch Gesundheit, durch ihre Aufmerksamkeit und Achtsamkeit, was unseren physischen und psychischen Zustand betraf. Dabei war sie absolut nicht autoritär: sie war eine grosse Freundin.

Dennoch spürte ich eine versteckte Trauer, nicht nur über die verlorenen Eltern und Geschwister, sondern auch wegen dem Verzicht auf das Studium, das Lernen, das Austauschen, und die Kultur überhaupt. Sie hatte danach ein unmässiges Nachholbedürfnis und raste von Kurs zu Kurs und von Kunstreise zu Kunstreise als wir in Zürich ausgeflogen waren.

5. DER KONFLIKT

Nun tauchen wir in die berühmten und berüchtigten 1930er Jahre ein. Die Vollwaise Maiti studiert mit Hingabe und Erfolg Medizin und nimmt ihre jüngere Schwester Emmi mit wo sie kann. Wer sich um die jüngste, noch minderjährige und demnach bevormundete Schwester Tineli kümmert, ist nicht ganz klar, zeitweise der Onkel und Vormund Damian Lang, zeitweise die Schwestern. Das private Gymnasium Juventus hatte sie offenbar verlassen müssen nach dem Verlust des Vaters und seinem Bankrott.

So isst Emmi oft mit Maiti in der Studentencafeteria der Uni. Zudem sind der Medizinstudent Walter Robert Corti, ein attraktiver Intellektueller, und Maiti ein Paar und werden es während vielen Jahren bleiben; nach der Heirat von Robert Corti mit der Haushälterin von Maiti, Anuti, bleiben sie enge Freunde und die Cortis fehlten an keinem Familienfest[21].

---

[21] Persönliche Erinnerungen und Fotos der Autorin

Emmi beschreibt die befreundeten Studers, die oft auch im "Studheim" essen. Ein Mitglied dieser Familie wird später Maitis Doktorvater und Emmis Schwiegervater Prof. Dr. med. Hans Wolfgang Maier von seinem Thron stürzen und ihn zum Rücktritt zwingen. Hier ist Emmis Beschreibung der Studers beim gemeinsamen Essen im Studheim:

"Mittags assen Maiti und ich im Studheim und nahmen meistens eine Tagesplatte für 60 Rappen, die zum Beispiel aus einem halben Wienerli (Wiener Würste) und Kartoffelsalat bestand. Wir trafen viele Freunde und waren meistens mit Studers zusammen, die wir die 'Studerei' nannten. Da war z.B. Jennò aus einer ungarischen Musikerfamilie. Sein Bruder war behindert und war Geiger im Tonhalle Orchester. Jennò war der Cousin der anderen Studers, die während der russischen Revolution aus Petersburg fliehen mussten. Jennòs Cousin Erwin studierte Zahnarzt, er war ein ausgezeichneter Sänger. Damals war die russische Sängertruppe der 'Blaue Vogel'

berühmt und ich glaube Erwin sang vermutlich auch mit. Wahrscheinlich unterstützte ihn seine Schwester, Dr. Ella Studer, finanziell. Sie war Chefbibliothekarin an der Pestalozzi Bibliothek. Sie nahm mich sofort unter ihre Fittiche, betreute und bemutterte mich. <u>Ella und Erwin hatten noch eine Schwester in meinem Alter die ich erst später kennenlernte.</u> Die Studers hatten ein hübsches Häuschen in Winterthur etwas oberhalb gelegen. Vater Studer war Amtsvormund und ich lernte bei ihnen den 'Samowar' kennen."

Diese erwähnte Schwester ist eben Sigrid Studer, die später Praktikantin am Burghölzli wird, und die von ihrem Vater Fritz Studer, ein Bekannter von Hans W Maier, dem letzteren zur Beratung seiner Tochter zugeführt wird, da sie unbedingt die Matura brauche und damit in dem Privatinstitut Prof. Sinai Tschulok Schwierigkeiten hat, weil sie zu nervös sei. Zu diesen Beratungssitzungen gesellt sich von Anfang an, also ab 1931, der Gerichtsmediziner Heinrich Zangger, welcher offenbar bereits ein Betreuer von

Sigrid Studer war, aus Gründen, die wir nicht kennen. Dazu kommt der Direktor des privaten Maturitäts-instituts, Prof. Sinai Tschulok. Ab einem gewissen Moment arteten dann die fortgeführten privaten Sitzungen von HW Maier mit der Praktikantin aus, weil sich eine intime Beziehung mit dem Einverständnis beider Personen angebahnt hatte. Was sich aber CG Jung mit der russischen Jüdin Sabine Spielrein erlauben durfte, führte HW Maier zu seinem Verderbnis.

Sigrid Studer und Walter Robert Corti hatten beide das Zürcher Privatinstitut Prof. Sinai Tschulok besucht, um die Matura zu absolvieren. In einer Biographie über Corti heisst es[22]:

"Grâce à la compréhension de l'Institut privé Sinai Tschulok, Corti prépare la maturité fédérale qu'il obtient en avril 1930.

---

[22] Ruchat, Martine. Walter Robert Corti. 1910-1990. Un idéaliste, pacifiste et visionnaire. https://repenf.hypotheses.org/2170. 2018.

(Dank dem Verständnis der Privatinstitutes Sinai Tschulok bereitet Corti seine eidgenössische Matura vor und besteht sie im April 1930)".

Es gibt aber noch weitere Beziehungen zwischen der Maier-Affäre[23] und den Meierhofer Schwestern: Zuerst einmal schreibt Emmi in ihrer Autobiographie:

"Im Burghölzli verstand sich Maiti nicht so gut mit ihrem Chef, Professor H.W. Maier und dem Oberarzt Dr. Binswanger. Die Assistenten rebellierten; ich kenne die Details nicht, weiss nur dass sie von der Regierung vorgeladen wurden."

Die unzufriedenen Assistenten begingen verbale Aggressionen gegen Binswanger, welcher sich wehrte, so dass die Affäre schlussendlich bei Gericht landete. Zwei der führenden Ärzte in diesem Streit waren Dr.

---

[23] Gmür, Mario. *Die Affären Binswanger & Maier – antisemitische Hintergründe?* Schweiz Arch Neurol. Psychiatr Psychother, 2023;174

med. Carl Alfred Meier (geb. 1905) und Dr. med. Hans Wespi; (geb. 1908), ihr Verteidiger war der Zürcher Rechtsanwalt Dr. Karl Scherrer.[24] In diesem Konflikt war auch Marie Meierhofer, sowie wahrscheinlich viele andere Medizinstudenten, involviert, in Solidarität mit CA Meier und Hans Wespi, wie man in empörten Briefen von Emmi an Maiti erfahren kann; es ging ja um Emmis zukünftigen Schwiegervater! (Briefe im MMAA).

(Marie Meierhofer war aber keineswegs eine Antisemitin, ganz im Gegenteil: am 30. Nov. 2000 hat sie vom israelischen Botschafter ein Diplom erhalten, da sie während dem 2. Weltkrieg als Rotkreuz Ärztin in Frankreich jüdische Kinder gerettet hatte, und zwei Wege wurden nach ihr Marie-Meierhofer Weg benannt, in Turgi.[25] und am Zürichberg.)

---

[24] Gmür, Mario. *Die Affären Binswanger & Maier – antisemitische Hintergründe?* Schweiz Arch Neurol. Psychiatr Psychother, 2023;174
[25] Luthiger, Arthur. *Marie Meierhofer.* 1909-1998. Marie Meierhofer (turgi.ch)

Wie viele Studenten sonst noch involviert waren, wissen wir nicht. Es war laut meiner Mutter die Rede davon, dass 120 Unterschriften gegen HW Maier gesammelt worden seien, um seinen Rücktritt zu verlangen, anscheinend aus antisemitischen Gründen.

Damit kommen wir zum springenden Punkt: laut dem Zürcher Psychiater CG Jung, musste die Psychiatrie von allem Jüdischen gereinigt werden, da die jüdischen Weltansichten zerstörerisch seien für die christlichen Werte und die traditionelle christliche Weltphilosophie. In diesem Sinne musste auch die vom jüdischen Psychiater Sigmund Freud erfundene Psychoanalyse eliminiert werden. Für diesen "Reinigungsprozess" der Psychiatrie, gründeten die Nationalsozialisten das Göring-Institut in Berlin, das von 1936 bis 1940 von CG Jung präsidiert worden ist.[26]

---

[26] *Institut Göring*. Wikipédia, l'encyclopédie libre. 7 juin 2022,

Dass der jüdisch-geborene HW Maier ein Dorn im Auge Jungs war, steht ausser Zweifel. Zudem stand auch der oben erwähnte CA Meier, welcher die jüdische geborenen Psychiater Binswanger und Maier direkt attackiert hatte, in direkter Verbindung mit dem Berliner Göring-Institut.[27]

Die Hauptfrage ist somit: war die "Affäre-Maier", d.h., der Sturz von Maier durch die junge Frau Sigrid Studer Zufall oder eine sorgfältig orchestrierte Intrige? Wir wissen jetzt ja, dass die anti-Maier Gruppierungen von Wespi und Meier auch Sympathisanten hatten, wie Marie Meierhofer und zweifellos auch ihr Partner Walter Robert Corti, welcher ein fanatischer Jung-Anhänger war. Auch wissen wir, dass die Meierhofer Schwestern mit der Familie Studer, und somit auch mit Sigrid Studer befreundet waren, und dass Sigrid Studer in das gleiche private Matura Institut ging wie Walter Robert Corti, d.h., ein

---

<http://fr.wikipedia.org/w/index.php?title=Institut_G%C3%B6ring&oldid=194349448>.
[27] Unpublizerte Information

anti-Maier Klan existierte in Tat und Wahrheit.

War also die "Affäre Maier" das Resultat eines jahrelangen Teamworks, mit Briefen die man Sigrid Studer diktierte, und mit sorgfältigem Sammeln von allen Briefen von HW Maier, um sie danach an die Öffentlichkeit zu bringen, um seinen beruflichen Mandaten ein Ende zu setzen, wie vorgeschrieben nicht nur vom Berliner Göring-Institut, sondern auch von den Nürnberger Gesetzen, welche die Enteignung und die Hinrichtung aller Juden vorschrieben? Hat einer der jüngeren Assistenzärzte im richtige Moment ein Kind zusammen mit Sigrid gezeugt, um den Sturz von HW Maier endgültig zu machen?

Oder war sein tragischer Fall von hoher Warte tatsächlich das Werk einer Einzelgängerin, einer isolierten jungen Frau, die von ihrem eigenen Vater und von einem Gerichtsmediziner in ein Verhältnis hinein bugsiert worden ist, von dem sie sich nicht mehr befreien konnte, ohne dass jemals ihr Vater, ein bekannter Jurist und

Bundesrichter, oder der pro-aktive Gerichtsmediziner, die ihr die Suppe eingebrockt hatten, jemals helfend eingriffen?

Gegen die Hypothese einer programmierten Intrige, um HW Maier zu stürzen, spricht die Dauer von 10 Jahren der Studer-Maier Beziehung, d.h., von 1931 bis zum erzwungenen Rücktritt von HW Maier im Okt. 1941. Es gibt schnellere und einfachere Methoden, um jemanden loszuwerden, ausser man wollte eben mit dieser ganz spezifischen, langdauernden Intrige die - laut Nazi-Doktrin - typische Immoralität eines Judens öffentlich blossstellen, dem "Schweizervolk" zeigen, an das sich die Karl Scherrer Schmähschrift ja adressiert.

Es ist dem Leser selbst überlassen, Schlüsse zu ziehen oder weiter über die "Affäre Maier" nachzuforschen. Ende 2024 wird das Staatsarchiv Zürich zudem die bisher unbekannte Akte "HW Maier vs Karl Scherrer" freigeben, da 80 Jahre seit dem Prozess, den mein Grossvater gegen den

verleumderischen Rechtsanwalt gewonnen
hatte, vergangen sind.
Trauerfall Studer Maja Regina Johanna

Studer Maja Regina Johanna(index.php?
Ky6UnRCEoaZHiiv0x7SWZA0cgizuki3SZ6Yr7vZL3p0d4bXmw40085r4mol
verstorben am 31.05.2017, Jahrgang 1939, wohnhaft gewesen in Zürich

Ort der Beisetzung: Friedhof Enzenbühl Zürich (index.php?

Abbildung 21. Zeitungsinserat: Maja Studer, Sigrids Tochter, stirbt am 31. Mai 2017

Maja Studers Asche wird im Friedhof Enzenbühl in Zürich anonym einem Gemeinschaftsgrab beigegeben. Leider, denn das verunmöglicht jegliche DNA Analyse zum Nachweis, ob Burghölzli Direktor Hans Wolfgang Maier wirklich der Vater ihres Kindes war. Da Maja Studer keine eigenen Nachkommen hat. ist der nachträgliche wissenschaftliche Beweis der Vaterschaft somit nicht machbar. So müsste man auch entsprechende sprachliche Vorsicht walten lassen mit der Zuschreibung des ausserehelichen Kindes von Sigrid Studer an Hans Wolfgang Maier

6. KULTUR A GO GO

Wie im Kapitel 4 erwähnt, war es für Emmi frustrierend, auf dem Land, an einem Ort wo sich Füchse und Hasen "Gute Nacht" sagen, in die Kochtöpfe zu schauen und Socken zu stricken und zu flicken, ohne jegliche kulturelle Aktivität, in der Abgeschlossenheit einer Irrenanstalt, sei es nun die Waldau (1938-42), Königsfelden (1942-46) oder Littenheid (1946-56).

Sie träumte von Konzertabenden, literarische Lesungen und Kunstausstellungen; so sehr, dass sie selbst einen kleinen Kulturkreis gründete in Littenheid und den umgebenden Orten wie Wil und Sirnach: "Cercle" genannt; dazu sammelte sie ein, was sie an einigermassen kulturell interessierten Menschen fand: Apotheker, Ärzte, Rechtsanwälte, vielleicht auch Klein- oder Grossunternehmer (man war befreundet mit der Familie Bally in Uzwil, den "Schuh-Ballys" wohlgemerkt, dann war noch etwas mit einer Watten Fabrik), alle versammelten sich ein Mal pro Monat im Haus eines Mitglieds, natürlich mit ihren Gattinnen.

Bei jedem Treffen präsentierte jemand ein Buch und den Schriftsteller, oder eben, im Fall von Emmi, die Schriftstellerin: es war George Sand. Über Wochen hörten wir nur noch über George Sand sprechen, Papierfetzen mit Notizen über sie flogen herum, Bücher von ihr und über sie wurden aufgetürmt. Aber diese selbstgebastelte Kultur half Emmi nur über die Runden zu kommen, bis sie endlich, ab 1956, zurück in ihrem geliebten Zürich war.

Da ging es richtig los, mit Volkshochschulkursen u.v.a.m., vor allem als die drei Töchter ausgeflogen waren. Da mein Vater voll durch seinen Arztberuf ausgelastet war, liess er Emmi ziehen und sie durfte, frei wie ein Vogel den man soeben aus dem Käfig gelassen hatte, von Kunstausstellung zu Kunstausstellung flattern, hatte zu einer gewissen Zeit sogar in einer bekannten Galerie gearbeitet. Später, nach ihrer

Scheidung, nahm sie eine Arbeitsstelle in ihrem Beruf als Sekretärin an, bei dem indischen Mathematikprofessor Komaravolu Chandrasekharan an der ETH, für den sie regelrecht schwärmte; sie durfte auch einmal helfen, einen Mathematikerkongress zu organisieren.

Es kann sein, dass Professor Chandrasekharan, mit dem sie sich ausgezeichnet verstand, ihr die Augen für die orientalische Kultur und Kunst geöffnet hatte. Denn, wenn sie zuvor das Chagall Museum in Frankreich und andere umliegende Museen besuchte, oder nach Italien und Österreich auf Kulturreisen ging, drehte sich ihr ganzes Interesse plötzlich nach Asien. Sie vertiefte sich in altindische Schriften und begann Sanskrit zu lernen. Auch Japan, mit seiner raffinierten Kunst und Literatur faszinierte sie. So starteten ihre Asienreisen, im schon leicht vorgerückten Alter, das sie nicht daran hinderte, mit schwerem Gepäck loszuziehen, zum Schrecken von Maiti, die sich furchtbare Sorgen um Emmis Gesundheit machte, ich solle doch zu diesem oder jenen Bahnhof oder Flugplatz reisen und Emmi mit dem Gepäck helfen, hiess es.

Aus der Japanreise wurde sogar eine Weltreise, bei der sie dann auch in Kalifornien bei ihren zwei Töchtern einen Stop machte.

Alle diese Reisen mit ihren Kunstschätzen hat Emmi in Wort und Bild für ihre Nachkommen festgehalten, in vielen Alben, die ich in mühsamer Arbeit auseinandergenommen habe, um sie zu digitalisieren. Diese Reisebeschreibungen von Emmi, mit feinen Betrachtungen von Tempeln, Skulpturen, lokalen Gebräuchen, sowohl in Indien als auch in Japan, schlummern demnach im MMAA.

Abbildung 22. Emmi in Grenoble. Etwas Kulturelles war vielleicht dort los, oder sie besuchte Freunde: sie hatte zahlreiche französische Freundinnen wegen ihren Paris Aufenthalten und den Pariser Pfadfinderinnen, wo sie Mitglied gewesen war.[28]

---

[28] Maier-Meierhofer, Emmi. *Strube Zeiten. Bunte Zeiten.* Autobiographie herausgegeben von

Abbildung 23. Emmi in Indien, ihrem Traumland. Ihr Interesse reichte von Sri Aurobindo zu Swami Vivekananda, der Bhagavad-Gita, u.v.a.m., alles wurde durchgeackert, bis zum Sanskritlernen.

Abbildung 24. Emmi hat sich einen Traum erfüllt und reitet stolz auf einem Elefant (rechts, mit Hut). Wie schön, dass sie diesen Traum noch erfüllen konnte.

Abbildung 25. Mont Fuji, Japan, fotografiert von Emmi. Sie hat sich in Japan an Orte begeben, wo sonst wenige Touristen hingehen, wie zum Beispiel einmal in ein berühmtes Bad. Sie reiste allein, und musste sich mit den japanisch geschriebenen Tafeln in Bahnhöfen usw. auseinandersetzen. Die Menschen seien sehr hilfsbereit gewesen.

<u>HAIKU: THE THREE LOVELIEST THINGS</u>

I HAVE SEEN MOON AND BLOSSOMS;

NOW I GO TO VIEW THE LAST AND LOVELIEST:

THE SNOW

Rippo 1600-1669

Abbildung 26. Dieses Haiku musste auf die Todesanzeige von Emmi

7 IM KREIS DER FAMILIE

Abbildung 27. Der Kirchturm im verschneiten Morgins, Kanton Wallis. Um uns die anstrengenden Hin und Her zwischen Haus und Hotels oder Ferienwohnungen mit den schweren Skiausrüstungen zu ersparen, beschlossen wir, eine bescheiden Ferienwohnung mit zwei Schlafzimmer und einem Wohn/Esszimmer zu kaufen, im Haus der Post, mit schönem Blick westwärts auf den Berg Tête du Géant, der uns faszinierte: War es nun ein Riese oder nicht?

Abbildung 28. Eine der vielen Momente die Emmi mit uns verbrachte, übers Wochenende, als Ferien, wo wir stundenlang zusammen plauderten, und Familienerinnerungen austauschten. Besonders gut verstand sie sich mit Familienvater Rolf Anner, mit dem sie stundenlang über Geschichte und Literatur diskutierte.

Abbildung 29. Emmi vor der alten Post Confignon. Zuerst kam sie für einen schwierigen chirurgischen Eingriff zu uns, im Herbst 1989, dann im Jahr 1991 musste sie sich einer noch grösseren Operation unterziehen und zog definitiv in unser Haus, wo wir sie in einem Studio im Dachstock einrichteten, und sie pflegten, bis sie am 22. März 1992 im Hôpital Loëx verstarb. Ich hielt ihr die Hand bis der Puls aufhörte zu schlagen. Ihre letzte Worte waren die erste Strophe des untigen Gedichtes von Rainer Maria Rilke.

*"Ich lebe mein Leben in wachsenden Ringen,
die sich über die Dinge ziehn.
Ich werde den letzten vielleicht nicht vollbringen,
aber versuchen will ich ihn.*

*Ich kreise um Gott, um den uralten Turm,
und ich kreise jahrtausendelang;
und ich weiss noch nicht: bin ich ein Falke, ein Sturm
oder ein grosser Gesang."*

Rainer Maria Rilke, 20.9.1899, Berlin-Schmargendorf

Abbildung 30. Dieser Tisch wurde in unserem Dorfhaus in Confignon, aus dem Ende des 17. Jahrhunderts, gedeckt, vor Jahrzehnten. Und soll so bleiben, für alle Gäste die auf Besuch kommen möchten.

DIE MORAL DER GESCHICHTE

Diese Geschichte der Schatten-Schwester sollte uns lehren, sehr behutsam zu sein mit unserem Urteil über Menschen.

Dr med, Dr phil hc Marie Meierhofer, die berühmte Schweizer Kinderärztin, lebte seit ihrer Studentenzeit, und danach noch während vielen Jahren als Paar mit Dr. Walter Robert Corti, ein bekannter Psychologe und Philosoph, eine Art "Vielwisser". Corti hatte sich zu jener Zeit mit einer neuen Theorie befreundet, in der es um Typen geht. Alle Menschen haben eine Art vorprogrammierten Typus, hiess es. Für Emmi haben die Beiden den Typus "Die Einfache" gefunden, was Emmi ziemlich schockiert hat.

In diesem Buch zeige ich, dass man Emmi, die sich seit dem Umzug von Turgi nach Zürich aufopfernd um den Haushalt der drei Halb- und ab 1931 Vollwaisen kümmerte, deswegen für die "Einfache" hielt. Dabei kam es nur soweit, weil ihr Vater sein Vermögen im 1929 Börsenkrach verloren hatte und demnach nur Maiti studieren durfte, da sie einen Teil des Medizinstudiums bereits mit Erfolg hinter sich gebracht hatte. Als die Halbwaisen 1931 auch noch den Vater verloren, beschloss Emmi sich nach wie vor um den Haushalt zu kümmern, um ihren Schwestern wieder eine Art Stabilität bieten zu können, ein Zuhause.

An sämtlichen gesellschaftlichen Anlässen wurde sie dann sofort marginalisiert, wenn sie als Beruf angab, dass sie den Haushalt besorge. Da war kein Glamour. Danach hatte sie auch noch Sekretariat gelernt. Interessanterweise hatte sie mein kluger Vater dennoch oder vielleicht deswegen als Frau ausgewählt, weil er ihren wirklichen Wert erkannt hatte.

Ich schätze die Intelligenz meiner Mutter mindestens so hoch ein wie die ihrer berühmten Schwester Dr med, Dr phil hc Marie Meierhofer, wenn nicht sogar höher, vom ganzen Spektrum der Kultur her zu evaluieren, welche sich bei Maiti in Schranken hielt: sie war eher mit praktischen Dingen beschäftigt und hatte einen relativ einfachen, bodenständigen Geschmack, währenddem sich meine Mutter sachkundig mit orientalischer Philosophie und vielen anderen literarischen und künstlerischen Themen auseinandersetzte.

Es war einfach der Zufall des Lebens, welcher es der einen Schwester erlaubte, berühmt und gepriesen zu werden, während die andere ein Schattendasein führte.

Wie Tante Maiti oft scherzend sagte: "Ich habe den Doktor gemacht, und Emmi hat einen Doktor geheiratet".

Meine Hoffnung ist, dass diese erste Biographie über Emmi Maier ein wenig Licht auf ihre moralischen und kulturellen Qualitäten wirft. und sie somit aus ihrem Schattendasein herausholt.